Panorama 파노라마

파노라마

2022년 11월 24일 초판 1쇄 인쇄
2022년 11월 30일 초판 1쇄 발행

지은이 | 천융희
펴낸이 | 孫貞順

펴낸곳 | 도서출판 작가
　　　　(03756) 서울 서대문구 북아현로6길 50
　　　　전화 | 02)365-8111~2　팩스 | 02)365-8110
　　　　이메일 | cultura@cultura.co.kr
　　　　홈페이지 | www.cultura.co.kr
　　　　등록번호 | 제13-630호(2000. 2. 9.)

편집 | 손희 김치성 설재원
디자인 | 오경은 박근영
영업 | 박영민
관리 | 이용승

ISBN 979-11-90566-52-0 03810

잘못된 책은 구입하신 서점에서 바꾸어 드립니다.

* 이 디카시집은 2022년 경남문화예술진흥원의 문화예술지원을
　보조받아 제작되었습니다.

값 12,000원

한국디카시 대표시선

6

천융희 디카시집

파노라마
Panorama

작가

■ 시인의 말

그들이 머금고 있는 말에 귀 기울여

단지, 대리인으로서 받아 적었을 뿐이다

순간의 느낌이라 한 줄로도 충분했으며

존재마다 또 하나의 우주였다

2022년 10월 30일

천융희

— 차례 —

시인의 말

제1부

알고 싶어요 12
기대 14
필사 16
두 번째 시집 18
바닷가 끝 집 20
거리두기 22
서바이벌 24
자화상 26
세일즈맨 28
막내 30
아내의 기도 32
한 끗 차이 34
세월호 36
핑계 38

제2부

파노라마 42
우주여행 44
디카시 46
익명 48
디오라마 50
큰 언니 52
수개리 이장님 54
꼭두새벽 56
늦가을 58
앨범을 넘기며 60
뜬구름 62
산벚나무 64
퇴임 66
근황을 묻다 68

제3부

응원 72
하품에 대한 짧은 보고 74
봄의 초입 76
You Quiz 78
빈집 80
천 개의 바람 82
중년 84
별 86
노후대책 88
새옹지마 90
유언 92
나비 94
경고 96

제4부 겨울

해운대 100
아침의 위로 102
떡볶이 1인분에 김밥 한 줄 104
비대면 106
그해 여름 108
기적 110
마馬 112
꼭, 있다 114
독거 116
몇 날 며칠 고요로 출렁인다 118
유년의 5월 120
노인 A 122
행위예술 124

해 설

저 낮은 곳과 높은 곳의 비경 _ 오민석 126

제1부

알고 싶어요

어렵고 힘든 길인 줄 알아요

가신 발걸음만 따라갈게요

절대 뒤돌아보지 않을 테니
이 길의 끝이 어딘지만 알려주세요

기대

버티다 못한

지하 매장이 폐업을 하자

삼 년여 만에 쬐는 햇볕이다

우리, 다시 시작할 수 있겠지

필사

인생의 등불이 될 만한 책은

어김없이 베껴 써본다

세상이 달라 보일지도 모른다

두 번째 시집

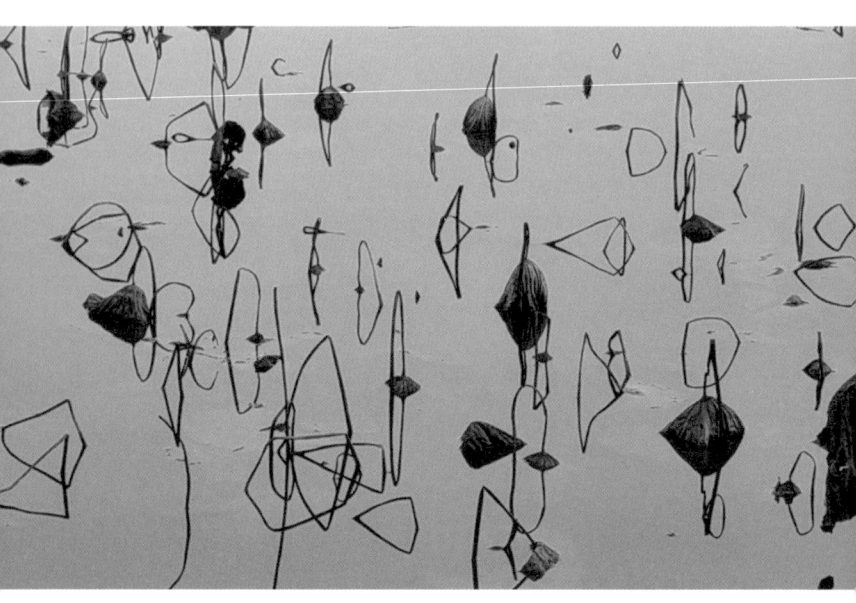

원고를 간추려 보니

한 권 분량의 시가 여전히 거기서 거기

바닷가 끝 집

사람 하나 잘못 들여

집 안이 풍비박산이라더니

위태위태한 소문이 아무래도 심상찮다

거리두기

이사 온 지 십 년이 지났어도

수다 떨며
커피 한 잔 마실 사람이 없다

서바이벌

− 제주 휴애리 거위쇼

저 아래 놓인

한 끼 밥을 위해 쇼는 필수

날개가 있는 한 영원한 추락은 없다*

* 잉게보르크 바하만의 시집과 이문열의 소설인
『추락하는 것은 날개가 있다』를 변용.

자화상

그늘을 베고 잘라가며 어느새 밑동까지 왔다

여전히 삶은 쓰다

시를 썼다

세일즈맨

매번 목을 조아리고
손을 비비다 보니
와이셔츠마다
칼라와 소매가 먼저 해진다

막내

알츠하이머 진단받은 지 수 년째

혈류 끝에 매단 저 섬만이

숨 하나 근근이 이어가는 연유다

요양병원에 기댄 봄, 속수무책

아내의 기도

넘치도록 물량을 주시되

곳곳에 과로 방지턱을 허락하시어

오늘도 무사히 돌아오게 하소서

한 끗 차이

수십 마지기 논을 유산으로 받았다
는, 여고 동창과 헤어진 후

씩씩거리며 집에 들어서자

틈틈이 바라봐 주었던 벵갈고무나무가
수백 마지기 물 댄 논을 쓰윽 내밀었다

세월호
−검은 리본

시린 허공에 온몸으로 흘려 쓴 근조체

기다림에 지쳐
검게 타 버린 심장 한 덩이 여직 있다

핑계

방구석에 틀어박혀

노닥거리는 게 아니라

정보의 바다에서 물밑 작업 중이라니까요

2부

파노라마

마지막 불꽃을 태우는
아흔 어머니의 파란만장한 생이
비경으로 펼쳐지는 찰나

우주여행

나에겐 날개가 있어요

사람들은 지느러미라 부르지만

별빛 찬란한 밤이 오면

찰랑찰랑

하늘을 날아다니는 꿈을 꿔요

디카시

육감으로 피워낸 꽃이란 걸 직감으로 포착한다

다가가면 갈수록

귀 기울일수록

속속들이 할 말이 많은 대우주

익명

바닷가 올라앉은 집 앞을 지날 때였다

곡조가 새겨진 벽에 기대어
썰물처럼 울고 있는 한 여자를 보았다

디오라마*

망치와 정으로

사람 손을 타버린 알은

더 이상 깨어날 세상이 없다

*diorama: 장면이나 풍경을 일정 공간에 입체적으로 구성.

큰 언니

37년생

우리 엄마 냉장고는

열어볼 때마다 빈틈이 없다

언제 또 와서는 꽉꽉 채워 놓고 갔는지

수개리 이장님

다시 한 번 안내 말씀드리겠습니다

코로나19로
오늘도 벌써 몇 번째 저러시니
공중 신축 빌라 식구들
완전히 새됐다

꼭두새벽

종이배를 띄워볼까

종이비행기를 날려볼까

문명의 도시가 서서히 출몰하고 있다

늦가을

거울 앞에서 가끔 뒤태를 살핀다

피고 지고 우짖던 가지에서

머지않은 겨울 봄

앨범을 넘기며

암초에 부딪히고
바람에 솟구치지 않았다면

파도는 어디서 시작되었으며
어떻게 한 폭 그림이 되었겠어요

뜬구름

전무후무한 소문에

살면서 여러 번 잡을 뻔,

한 방에 공중분해 될 뻔,

지금도

틈만 나면 시동 걸다가 들킬 뻔,

산벚나무

안개비 사이로 보일 듯 말 듯

가던 걸음을 멈추고
몇 번이고 뒤돌아보던 사람

퇴임

계급장 떼고 나니
출신도 인맥도 소용없어졌다

딱히 취미도 없어 기웃기웃
눈칫밥 신세다

근황을 묻다

파도에 우르르
휩쓸려 다니던 그때가 좋았지

별수 없지, 뭐
안 그런가!

3부

응원

방앗간 옆집 사는 창녕 댁

코로나 확진 소식에

살아 있소!

우짜든지 며칠만 잘 참아보소, 밥은?

하품에 대한 짧은 보고

결속*이 강한 혈연관계

즉, 가까운 사이일수록 전염 확률이 높으며

활짝 들이킨 숨을

저녁이 되어서야 뱉어내는 혈통도 있다

* 나팔꽃의 꽃말.

봄의 초입

바위보다 무거운 날개를 얹고

두근거리는 심장을 느낀다

벌써부터 두렵다면 험지 아닌 곳이 없다

You Quiz*

—Yes

나는 누구일까요?

고개를 오른쪽으로 기울여 바짝 당겨 보세요
초성 힌트 나갑니다

(ㄸ ㄱ ㅂ)

---

* tvN 예능 프로그램(you quiz on the block).

빈집

눈 맑은 어린 고양이의 발톱이 바닥을 긁고 있었다
울음 아래
붉은 적요가 이룬 또 하나의 일가

천 개의 바람

못 오를 리 없는 푸른 본능이 태양처럼 빛났다

중년

감춰왔던 가시만 도드라지는 여자

가을 끝물에서 보면
그나마 운치 있어 보이는 여자

별

너의 상처가 별이 되게 하라*

나를 또 한 번 일으켜 꽃 피우게 하는 봄
신의 한 수다

*Turn your scars into stars: 영국 격언

노후대책

다 떠나보내고
뒤늦게 머리를 맞대보지만
달리 뾰족한 수가 없다

빈 하늘만 그득하다

새옹지마

밖으로 밀려났다고 절망하기 없기

기회라고 생각하기

신의 인도 따라가기

유언

새끼들 다달이 보내온 돈
병원에 몽땅 갖다 바쳤다며

미안하다 고맙다

한 말 또 하고 한 말 또 하시는 어머니

나비

폈다 접었다 또다시 폈다 접었다가
꿈을 꾸는 밤이 길었다

툭하면 흘렸던 눈물이 나비를 닮았다

경고

나를 물로 봤다 이거지

거품 물고 솟치는 수가 있으니

사방 조심하는 게 좋을걸

때론 내가 무섭다

4부

해운대

광안대교를 지날 때마다 걱정 반

부러움 반

날이 갈수록

그 열기가 점점 뜨겁게 달아오르고 있다

아침의 위로

밤새 뒤척이다

선잠에서 깨어난 얼굴빛이 제각각이다

다시 보면

모두 같은 톤tone이다

떡볶이 1인분에 김밥 한 줄

숨 고를 틈 없이 포개 올린 하루 벌이다

아슬아슬한 목숨 값이다

비대면

밥그릇을 비운 길고양이 한 마리
벽 뒤에 웅크린 채 졸고 있다

오늘도 출첵

그해 여름

온 집안이 급류에 휘말렸을 때도
눈 하나 꿈쩍하지 않았다

끄떡없다
힘줘 말하던 아버지 눈을 보는 순간
붉은 노을이 흐르는 실개천 같았다

기적

두 손 두 발 다 드는 순간
또 한 번의 기회가 찾아왔다

니가 옳니 내가 옳니
아귀다툼하며 살 이유가 없어졌다

마馬

백마에 검은 줄무늬인지

흑마에 흰 줄무늬인지

착시인지

착란인지 말 마

꼭, 있다

어디에도 합류 못하고

세상 근심 혼자 다 짊어진 듯

그래서

자꾸만 신경이 쓰이는 사람

독거

바지랑대에

오늘도 영감님 옷가지가 피었습니다

앵두꽃 전언에

벌 나비 떼 왁자한 봄날이다

몇 날 며칠 고요로 출렁인다

시여! 끝까지 수면 아래 있으라

유년의 5월

누가 살고 있는 게 분명했다

매듭을 풀자 냅다 곤두박질치던 핏덩이들

찍찍찍찍……찍

뿔뿔이 줄행랑 놓던 춘궁기였다

노인 A
−(한숨을 쉬며 지나간다)

더 태울 거라곤

평생 속 끓이고 애태우던 이 몸 동아리 밖에

행위예술

사람들이 가끔
우리를 우러러보며 사진을 찍는다
어디에 써먹는지 모르지만
포즈를 취한 적 있다

| 해설 |

저 낮은 곳과 높은 곳의 비경

— 천융희 디카시집 『파노라마』

오민석(문학평론가·단국대 교수)

I.

디카시가 널리 알려진 요즘도 디카시에 대한 오해가 많다. 가장 큰 오해는 디카시를 사진 시와 혼동하는 것이다. 디카시는 사진 시와 다르다. 디카시는 사진을 문자로 '설명'하지 않는다. 디카시는 사진과 문자가 어우러지는 장르이지만, 디카시의 문자는 사진을 설명하려 애쓰지 않는다. 디카시의 사진은 그 자체 독립된 장르가 아니며 문자도 마찬가지이다. 디카시에서 사진과 문자는 디카시라는 하나의 장르를 구성하는 두 개의 원료이다. 이것들은 서로에게 스며들어 하나가 되는데, 양자 사이에서 발생하는 깊은 화학작용은 이 둘을 분리 불가능한 것으로 만든다. 빵에서 밀가루와 우유와 설탕과 버터를 분리할 수 없듯이, 그리고 이것들의 섞임이 없이 빵이 만들어질 수 없듯이, 디카시에서 사진과 문자는 따로 떼어낼 수 없다. 둘 사이에 화학반응이 없을 때, 디카시라는 장르도 사라진다. 디카시에서 사진은 문자 때문에 살고, 문자는 사진 덕분에 산다. 이런 상보 작용이 없을 때 디카시는 존재하지 않는다.

 디카시의 문자가 사진의 설명이 아니라면 무엇인가. 디카시의 문자는 사진을 '설명'하거나 '묘사'하지 않고, '은유'하거나 '환유'한다. 그러므로 해바라기 사진을 놓고 그것에 '해바라기'라는 문자를 가져다 붙인다면 그것은 디카시가 아니다. 디카시의 문자는 사진을 은유하거나 환유함으로써 사진의 의미를 굴절하고 확장한다. 문자가 피사체를 은유할 때, 문자는 피사체의 이름을 다른 이름으로 바꾼다. 이 이름 바꾸기를 통하여 피사체는 변형되고 새로운 존재가 된다. 정확히 말하면, 원래의 존재 위에 새로운 존재가 더해진다. 이렇게 한 존재를 두 개의 존재, 즉 겹 존재로 만드는 것이 은유의 작업이다. 은유가 성사될 때, 은유 이전의 사물과 은유 이후의 사물 사이에 새로운 유사성이 생성된다. 로만 야콥슨R.Jakobson의 말대로 모든 은유는 유사성의 원리에 의해 가동된다. 은유는 이질적인 것들 사이의 유사성에 주목하면서 세계를 확장하는 장치이다. 디카시의 문자는 또한 사진을 환유한다. 야콥슨에 따르면 환유는 인접성의 원리에 의해 가동되는데, 시인은 피사체에 인접해 있는 기억을 환기하여 사진의 의미와 세계를 확장한다. 냉장고 안을 들여다보면서 냉장고 주인을 위해 그것에 맞있는 음식을 채워 넣은 누군가를 기억하는 것은 환유적 상상력이다. 디카시인들은 문자로 사진을 은유하고 환유하면서 유사성과 인접성의 원리 사이를 왕복 운동한다. 이 두 가지 원리에 의해 피사체, 즉 대상-세계의 미적 변형과 확대가 일

어난다. 디카시에서 사진과 시를 동시에 읽을 때 독자의 머릿속에 순식간에 벌어지는 이 정서적 감응 작용이 디카시만의 매력적인 풍경을 이룬다.

그렇다면 시인은 무엇으로 사진을 은유하고 환유하는가. 똑같은 사진도 서로 다른 시인들에 의해 다른 은유와 환유의 길을 간다. 그러므로 시인이 사진을 은유 혹은 환유하기 위해 동원하는 문자들이야말로 시인의 고유한 세계를 보여준다. 똑같은 가을 풍경을 보고 어떤 시인은 존재의 완성을 읽는가 하면, 어떤 시인은 존재의 소멸을 읽어낸다. 천융희 시인은 사진을 어떤 의미의 패러다임으로 은유하고 환유할까. 이것이 이 시집을 읽는 우리의 첫 번째 질문이다.

천융희 시인의 디카시들은 우선 사진부터 눈길을 끈다. 디카시가 카메라에 순식간에 포착된 이미지에서 시작한다면, 그녀의 사진들은 출발부터 이미 그 자체 많은 의미를 내포하고 있는, 어찌 보면 디카시에 최적화된 상태의 것들이다. 사진 자체가 이미 많은 의미를 방출하고 있으므로, 짐작건대 그녀는 이미 사진을 찍는 순간 해당 시의 절반 이상을 썼을 것이다. 그녀의 사진들은 대부분 디카시를 쓰려는 다른 시인들이나 독자들에게도 상상력과 영감을 강하게 자극할만한 것들이다. 말하자면 그녀는 디카시 창작의 필수 과정인 시적 이미지의 순간 포착에 이미 탁월한 재능을 보여주는 시인이다.

담쟁이가 건물을 기어올라 만든 초록 십자가의 모습은 그 자체 누가 봐도 독특하지 않은가. 이 사진에선 십자가의 이미지가 너무 강력하여 그것을 보는 순간 그것에 '인접'해 있는 어떤 것을 사유하지 않을 수 없다. 이런 점에서 이 사진은 매우 강력하게 환

어렵고 힘든 길인 줄 알아요

가신 발걸음만 따라갈게요

절대 뒤돌아보지 않을 테니
이 길의 끝이 어딘지만 알려주세요

―「알고 싶어요」 전문

유적 상상력을 자극하는 사진이다. 이럴 때도 시인은 '십자가'라는 '설명'의 단어를 사용하지 않는다. 사진과의 화학반응이 없다면 이 시 속의 "가신 발걸음", "이 길"이라는 문자들의 의미는 미지의 사막으로 사라지고 말 것이다. 시인은 환유적 상상력을 가동하면서도 애써 설명을 회피한다. "알고 싶어요"라는 제목을 뒤집어 읽으면 그것은 '잘 모르겠어요'라는 고백이다. 이 겸손한 고백은 환유적 상상력이 뻔한 의미로 닫히는 것을 방지하는 안전밸브이다. '잘 모르겠다'는 진술은 피사체의 의미를 신비로운 '비결정성indeterminacy'의 상태로 남겨둔다. 이 비결정의 상태야말로 시적 의미가 머무는 공간이다.

II.

이제 앞에서 던진 질문으로 돌아갈 차례이다. 천융희 시인은 무엇으로 사진을 은유하고 환유하는가. 이 질문은 쉽게 바꾸면 시인은 피사체에서 피사체가 아닌 무엇을 읽어내는가, 라는 질문과 상통한다. 그녀가 피사체에서 궁극적으로 읽어내는 것은, 앞에서 인용한 시에서 짐작할 수 있듯, 저 높은 곳에 있는 어떤 존재 혹은 그것과 연관된 사유들이다. 그녀의 사유는 십자가의 담장이처럼 저 밑바닥에서 저 높은 곳으로 끊임없이 움직인다. 그러나 '저 높은 곳'은 '저 낮은 곳'에 대한 통감痛感과 공감이 없이는 도달할 수 없다. 왜냐하면 시인에게 '저 높은 곳'은 '저 낮은 곳'에 대한 사랑의 절대적인 신호이기 때문이다. 시인에게 있어서 저 높은 곳은 저 낮은 곳의 한숨 소리를 듣고 함께 아파하며 그 낮은 곳의 궁극적인 구원을 궁구한다. 그리하여 천융희의 사유는 저 낮은 곳의 풍경에 대한 따뜻한 공감에서 시작해서 저 높은 곳의 존재를 향하여 끊임없이 움직인다.

방앗간 옆집 사는 창녕 댁
코로나 확진 소식에

살아 있소!
우짜든지 며칠만 잘 참아보소, 밥은?

―「응원」 전문

사진만 봤을 때, 아무도 그 내용을 짐작하기가 어렵다. 사진이 문자와 뒤섞일 때, 비로소 이것이 이웃에 대한 아름다운 관심과 사랑의 풍경임이 드러난다. 정겨운 사투리는 질병의 심각함마저도 삼켜버리는 온기를 가지고 있다. 느낌표를 동반한 "살아 있소!"라는 감탄사는 죽음 앞에 철저히 무력한 피조물들끼리의 끈끈한 우애를 느끼게 해준다. "우짜든지 며칠만 잘 참아보소."라는 전언은 담을 사이에 두고

감염된 자와 감염되지 않은 자들 사이에 오가는 뜨거운 통감과 공감의 언어이다. 마지막의 "밥은?" 먹었냐는 질문은 이 사랑의 공동체에 가장 적확한 리얼리티를 부여해준다. 피조물들의 모든 것은 밥에서 시작해서 밥에서 끝난다. 지상의 모든 피조물들은 그래서 불쌍하고 그래서 장엄하다. 밥을 벌기 위해 일을 하며, 밥을 못 먹을 때 생물학적 죽음을 맞이한다. 이 작품은 근래에 보기 드문, 사랑의 드높은 코뮌을 표현한 역작이 아닐 수 없다. 저 높은 곳은 이 낮은 곳에서 일어나는 이런 일에 가장 흐뭇한 미소를 지을 것이다.

마지막 불꽃을 태우는
아흔 어머니의 파란만장한 생이
비경으로 펼쳐지는 찰나

―「파노라마」 전문

고목은 더 이상 채울 수 없을 정도로 주렁주렁 많은 열매를 맺고 있다. 시인은 피사체에서 "마지막 불꽃"을 읽고, 그 마지막 불꽃은 "아흔 어머니"에 대한 상상으로 이어진다. 그것은 마지막 불꽃이기 때문에 더 화려하고, 더 슬프고, 더 장엄하다. '늙음'의 인접성과 유사성이 한편으로는 환유적 상상력을, 다른 한편으로는 은유적 상상력을 가동한다. 사진 속의 고목은 한 번에 많은 열매를 생산하고 있지만, 시인은 그것에서 늙은 어머니의 "파란만장한 생"의 풍경을 "파노라마"로 읽는다. 한 장의 스틸 컷 안에 90년 풍상의 세월이 주마등처럼 스쳐 간다. 표제작이기도 한 이 작품은 자신에게 주어진 삶을 충실하게 살아온 한 존재의 "비경"

알츠하이머 진단받은 지 수 년째
혈류 끝에 매단 저 섬만이
숨 하나 근근이 이어가는 연유다

요양병원에 기댄 봄, 속수무책

―「막내」 전문

과도 같은 삶을 잘 형상화하고 있다.

　낮은 곳에 대한 시인의 연민과 긍휼은 이 시집의 전편에 깔려 있다. 낮은 곳은 결핍만큼 사랑을 필요로 하는 자리이고, 아픔만큼 위로가 필요한 자리이다. 그 사랑과 위로는 존재의 옆과 위에서 온다. 시멘트벽에 악착같이 붙어있는 담장이 덩굴을 시인은 "알츠하이머 진단받은 지 수 년째" "숨 하나 근근이 이어가는" "막내"로 은유한다. 존재의 옆에서 보내는 사랑의 한계는 그것이 타자의 "속수무책"인 상태를 해결해주지 못한다는 데에 있다. 시인이 존재의 위쪽, 저 높은 곳을 의지하고 바라볼

나에겐 날개가 있어요

사람들은 지느러미라 부르지만
별빛 찬란한 밤이 오면
찰랑찰랑
하늘을 날아다니는 꿈을 꿔요

―「우주여행」 전문

수밖에 없는 이유가 바로 여기에 있다.

제목은 "우주여행"이지만, 이 시는 사실상 "날개"를 달고 "하늘을 날아다니는" 수직적 상승-욕망을 담고 있다. 그것은 의식적일 수도 무의식적일 수도 있지만, 천융희의 시 세계를 움직이는 중요한 정동affect 중의 하나이다. 이런 욕망은 돌 위에 앉은 나비의 이미지를 끌어들인 「봄의 초입」이나, 높은 나무를 타고 오르는 덩굴 식물의 이미지를 포착한 「천 개의 바람」에서도 드러나며, 앞에서 인용한 「알고 싶어요」에서도 나타난다. 담쟁이로 만들어진 초록 십자가를 아래에서 위쪽으로 바라보는 시인의 시선은 단연코 그 위쪽 어딘가에 있는 절대자를 향해 있다. 시인은 낮은 곳의 아픔에 공감하되 그 모든 것의 운명이 궁극적으로 저 높은 곳의 존재에 달려있음을 확신한다.

III.

니체의 19세기가 신을 죽인 이래 인간들은 니체가 말한 자기 긍정의 위버멘쉬Übermensch를 성취하지 못했다. 밝은 정오에 등잔불을 부여잡고 시장으로 달려가서 신의 죽음을 외쳐대던 광인은 이어서 사람들에게 "이제 인간은 어디로 가야 하는가?"라고 물었다. 20세기의 인간들은 신이 부재한 운명을 받아들이는 대신에 인류 역사상 최악의 페시미즘pessimism에 자기 몸을 맡겼다. 그리하여 좌절, 우울, 절망이 20세기 모더니즘의 브랜드가 되었다. 천융희는 이런 흐름과 정반대로 간다. 그녀는 신을 살해한 19세기의 정신에 동의하지 않으며, 문제의 궁극적인 열쇠가 그들이 죽인 신에 있음을 다시 확인한다.

밖으로 밀려났다고 절망하기 없기
기회라고 생각하기

신의 인도 따라가기

―「새옹지마」전문

시인에게 있어서 삶의 여러 사건 혹은 국면들에 대한 해석의 기본 원리는 인간이 아니라 "신의 인도"이다. 그리하여 "밖으로 밀려났다"는 인간의 판단은 언제든지 "기회"로 전복될 수 있다. 저 높은 곳의 문법은 이렇게 인간사의 다양한 굴곡들을 "새옹지마"로 만든다. 시인이 볼 때 신의 새옹지마는 피조물에 대한 사랑과 용서를 향해 있다. 그것에 대한 믿음이 세계에 대한 시인의 긍정적 태도를 만든다. 니체의 19세기가 애써 신을 살해한 상태에서의 자기 긍정 혹은 자기 사랑을 요구했다면, 시인의 긍정은 신의 존재 상태에서의 긍정, 신이 인도하고 가르쳐준 긍정이다. 그리하여 시인은 20세기 모더니스트들과 달리 절망이 아니라 희망을, 부정이 아니라 긍정을 노래한다.

버티다 못한
지하 매장이 폐업을 하자
삼 년여 만에 쬐는 햇볕이다

우리, 다시 시작할 수 있겠지

―「기대」

이 작품은 마치 살해된 신의 부활을 노래하는 것 같다. "폐업"

이 어떤 일의 종결 즉 죽음을 의미하고, 그것이 발생한 공간이 하필이면 "지하 매장"이라는 사실은 의미심장하다. 사진의 피사체들은 그 '지하무덤'에서 나와 생명의 "햇볕"을 쬐며 부활을 꿈꾼다. 식물들의 그 마음을 누가 알겠는가. 시인은 스스로 식물이 되어 "우리, 다시 시작할 수 있겠지"라고 말한다. 식물 화자가 된 시인의 "기대"는 모두 무덤의 반대쪽에 있는 생명의 신, 부활의 신에게서 오는 것이다. 천융희의 시는 이 낮은 곳에서 그 높은 곳으로 가는 먼 길 위에서 써진다.

온 집안이 급류에 휘말렸을 때도
눈 하나 꿈쩍하지 않았다

끄떡없다
힘줘 말하던 아버지 눈을 보는 순간
붉은 노을이 흐르는 실개천 같았다

―「그해 여름」전문

겉으로 보기에 단순해 보이는 이 작품에도 많은 함축된 의미들이 들어 있다. 이 시 속의 식구들은 "온 집안이 급류에 휘말렸을 때도" 어떻게 "눈 하나 꿈쩍하지 않"을 수 있었을까. 그것은 "끄떡없다"라는 아버지의 말씀에 대한 절대적인 신뢰 때문이었다. 이 시에서 "아버지"는 생물학적 아버지이자 동시에 시인이 믿는 신의 알레고리이다. 저 높은 곳에 있는 "아버지"가 모든 것의 주권자이므로 아버지의 말씀에 대한 절대적 믿음은 현실의 어떤 고난도 극복하게 만든다. 사진의 돌들은 믿음의 단단한 '반석'의 의미를 반추하게 함으로써 이런 해석을 더욱 신뢰하게 만든다.

천융희 디카시들은 크게 두 방향을 향해 있다. 그것은 그녀의 옆과 위이다. 그녀의 옆은 저 낮은 곳이다. 그녀는 그곳에서 결핍과 고통에 시달리는 것들을 따스한 시선으로 끌어안는다. 그녀의 위는 저 높은 곳이다. 그곳에서 시인은 낮은 것들을 향해 있는 사랑과 희망의 메시지들을 읽는다. 그녀 그리고 그녀의 옆과 위는 따로 놀지 않는다. 그것들은 모두 하나의 끈으로 연결되어 있으며, 하나의 문법 안에 통합되어 있다. 천융희의 디카시들은 이 문법과 마주치는 독자들에게 넘치도록 그윽한 희망과 평화를 준다. 그것은 저 낮은 곳과 저 높은 곳을 오래도록 궁구해온 시인의 따뜻한 선물이다.